LES GROSSES MACHINES

LES GROSSES MACHINES AGRICOLES

Tracy Nelson Maurer

TABLE DES MATIÈRES

Un livre de la collection
Les jeunes plantes de Crabtree

CRABTREE
Publishing Company
www.crabtreebooks.com

Les grosses machines agricoles

Les grosses machines **agricoles** font beaucoup de bruit.

Le tracteur gronde en avançant dans le champ.

Les pneus du tracteur engloutissent la boue.

Le moteur du tracteur grogne en travaillant.

Une faucheuse coupe le foin. Vouh-vouh!

Les moissonneurs vrombissent le long des rangs.

Une moissonneuse-batteuse rugit dans une **culture** céréalière.

Un pulvérisateur siffle en arrosant les cultures.

Les machines peuvent s'accrocher ensemble. Cling! Clong!

JOHN DEERE
CCS Seed Delivery

Les récoltes sont déversées dans un camion. Wouuuh!

Les camions agricoles grondent en transportant les récoltes.

Glossaire

agricoles (a-gri-col) : Une exploitation agricole est un lieu où l'on fait pousser des cultures ou élève des animaux.

culture (cul-tur) : Les cultures sont des plantes, comme le blé ou les pommes de terre, qui sont habituellement cultivées en grande quantité.

moissonneurs (moi-sso-neur) : Les moissonneurs sont des machines utilisées pour couper et récolter les cultures.

moteur (mo-teur) : Un moteur utilise de l'essence pour créer l'énergie nécessaire pour faire avancer une machine.

Indice

Soutien de l’école à la maison pour les parents, les gardiens et les enseignants

Ce livre aide les enfants à se développer grâce à la pratique de la lecture. Voici quelques exemples de questions pour aider le lecteur ou la lectrice à développer ses capacités de compréhension. Les suggestions de réponses sont indiquées en rouge.

Avant la lecture

- **De quoi ce livre parle-t-il?** *Je pense que ce livre parle des grosses machines agricoles. Je pense que ce livre parle des tracteurs.*
- **Qu’est-ce que je veux apprendre sur ce sujet?** *Je veux apprendre comment conduire un tracteur agricole. Je veux savoir quelle machine agricole est la plus importante.*

Pendant la lecture

- **Je me demande pourquoi...** *Je me demande pourquoi les grosses machines agricoles font beaucoup de bruit. Je me demande pourquoi un pulvérisateur arrose les cultures.*
- **Qu’est-ce que j’ai appris jusqu’à présent?** *J’ai appris qu’on peut accrocher deux machines ensemble. J’ai appris que les agriculteurs déversent les récoltes dans un camion.*

Après la lecture

- **Nomme quelques détails que tu as retenus.** *J’ai appris que les grosses machines agricoles peuvent être utilisées dans la boue épaisse. J’ai appris que les moissonneurs sillonnent tous les rangs.*
- **Lis le livre à nouveau et cherche les mots de vocabulaire.** *Je vois le mot **moissonneurs** à la page 12 et le mot **culture** à la page 15. Les autres mots du glossaire se trouvent à la page 23.*

Crabtree Publishing Company
www.crabtreebooks.com 1-800-387-7650

Version imprimée produite en collaboration avec Blue Door Education en 2022.

Contenu produit et publié par Blue Door Publishing LLC dba Blue Door Education, Melbourne Beach, Floride, É.-U.

RÉFÉRENCES PHOTOGRAPHIQUES : Photo de la couverture et pages 8-9 ©Shutterstock.com/NanoStock; pages 2-3 ©Shutterstock.com/smereka; pages 4-5 ©Shutterstock.com/oticki; pages 6-7 ©Shutterstock.com/Jurgis Mankauskas; pages 10-11 ©Shutterstock.com/Bonita R. Cheshier; pages 12-13 ©Shutterstock.com/Kharlanov Evgeny; pages 14-15 ©Shutterstock.com/Lyudvig Aristarhovich; pages 16-17 ©Shutterstock.com/gubernat. pages 18-19 ©Shutterstock.com/jetcityimage. pages 20-21 ©Shutterstock.com/al7. page 22 ©Shutterstock.com/brians101

Imprimé au Canada/072021/CPC

Autrice : Tracy Nelson Maurer

Traduction : Annie Evearts

Coordonnatrice de la production et technicienne de prépresse : Samara Parent

Coordonnatrice de l’impression : Katherine Berti

Publié au Canada par Crabtree Publishing
616 Welland Ave.
St. Catharines, ON
L2M 5V6

Publié aux États-Unis par Crabtree Publishing
347 Fifth Ave
Suite 1402-145
New York, NY 10016

Catalogage avant publication de Bibliothèque et Archives Canada
Available at the Library and Archives Canada